LES ANIMAUX EN PERLES

par Léonie Varin

éditions du
Bel Air

Introduction

Les perles utilisées couramment dans la réalisation de bijoux peuvent aussi devenir de merveilleux animaux.

À plat ou en relief, tu vas découvrir dans les pages suivantes comment réaliser une véritable petite ménagerie. Lorsque tu auras fait tous les modèles proposés, tu pourras en créer d'autres en changeant les couleurs, mais aussi, dès que tu maîtriseras la technique, imaginer d'autres formes.

Bon courage et amuse-toi bien !

Sommaire

Filiale du groupe Keesing International Publisher
15, rue Pottier, 78150 LE CHESNAY
Dépôt légal 4e trimestre 2002
I.S.B.N. : 2-914236-45-X
Imprimé en C.E.

Le matériel

Ce livre a été élaboré en collaboration avec notre fournisseur de perles
TOUT à LOISIRS
50, rue des archives
75003 Paris

Maison de Perles et de Fanfreluches
Tout à Loisirs
Fondée en 1984

Perles de rocaille de différents coloris,

grosses perles de rocaille,

perles en bois de différents coloris,

fil métallique fin,

1 vieille paire de ciseaux.

Conseils

Ces petits animaux peuvent être montés en broches ou en porte-clefs, mais ils peuvent également être d'amusants petits compagnons de jeu !

Pour travailler facilement, verser les perles de rocaille dans de petites coupelles ou des sous-tasses pour pouvoir les attraper facilement. Si elles se renversent, mettre un collant ou une chaussette fine sur le tuyau de l'aspirateur et aspirer les perles. Elles se fixeront sur le collant et ne seront pas aspirées dans l'appareil.

LE TISSAGE À PLAT »»

la technique

>>> LE ZÈBRE

étape 1

1

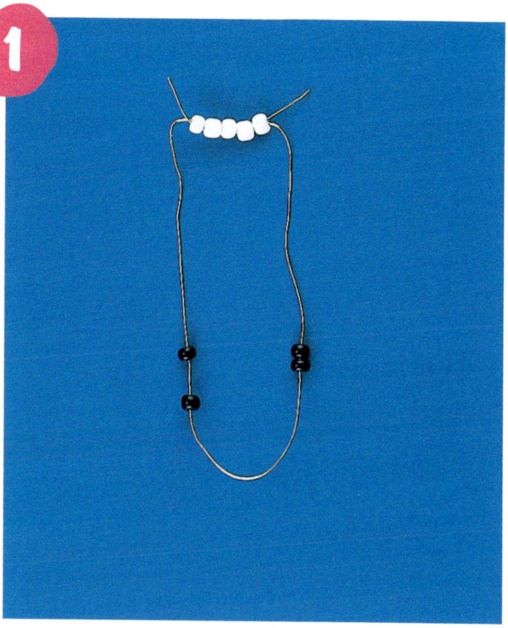

Couper un morceau de fil métallique. Centrer les perles du 1er rang sur le fil.
Enfiler les perles du 2e rang sur l'une des extrémités du fil puis croiser l'autre extrémité du fil dans les perles du 2e rang comme indiqué sur la photo.

2

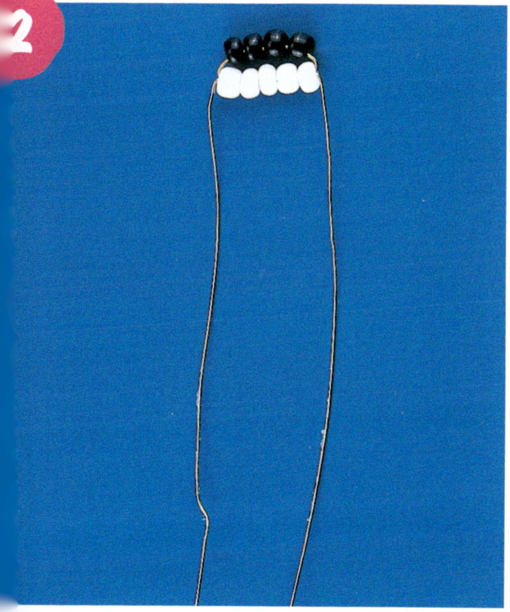

étape 2

Tirer les extrémités du fil et amener le 2e rang à côté du 1er. Continuer ainsi en suivant le dessin.

étape 3

Une fois le dernier rang terminé, repasser les fils dans l'avant-dernier rang de perles, tirer et couper le fil au ras des perles.

3

4

étape 4

Pour raccorder une partie à une autre, passer l'une des extrémités du fil de la partie à raccorder autour du fil de l'autre partie, comme indiqué sur la photo. Répéter cette opération plusieurs fois sur des rangs différents (au minimum en haut et en bas).

étape 5

Pour former la crinière, enfiler 4 perles sur le fil puis repasser dans les 3 premières perles, comme indiqué sur la photo.

5

6

étape 6

Enfiler les perles des pattes en suivant le dessin. Réaliser 2 pattes semblables. Les fixer aux emplacements indiqués sur le dessin en passant les fils autour des fils du corps, puis les repasser dans le dernier rang des pattes. Couper l'excédent de fil.

étape 7

Enfiler les perles de la queue en suivant le dessin. Le fixer sur la dernière perle en haut du corps comme indiqué sur le dessin en passant les fils dans la perle du corps, puis les repasser dans le dernier rang de la queue. Couper l'excédent de fil.

étape 8

Le zèbre terminé.

LE TISSAGE EN VOLUME »»

>>> LE POISSON

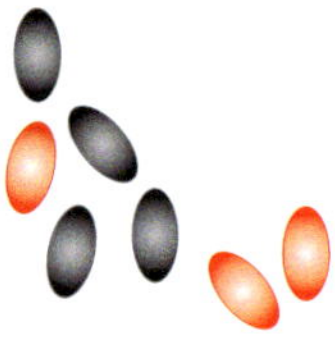

étape 1

Couper un morceau de fil métallique. Centrer les perles du 1er rang sur le fil.
Enfiler les perles du 2e rang sur l'une des extrémités du fil puis croiser l'autre extrémité du fil dans les perles du 2e rang, comme indiqué sur la photo.

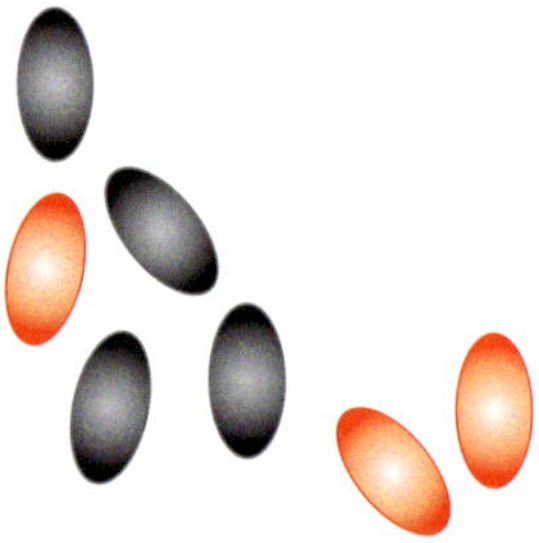

1

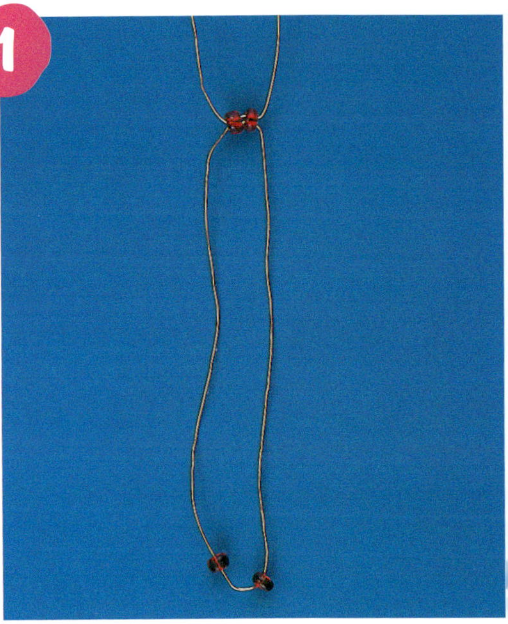

2

étape 2

Tirer les extrémités du fil et amener le 2e rang en face du 1er.

étape 3

Enfiler les perles du 3e rang et croiser les fils dans les perles. Tirer les extrémités du fil et amener le 2e rang sur le 1er. Continuer en suivant le dessin.

étape 4

Bien placer les rangs face à face. Le fil doit former un zigzag sur le côté du corps.

étape 5

Réaliser la queue en tissage à plat comme indiqué à partir de la page 6 sans changer de fil.

5

étape 6

Réaliser les nageoires en tissage à plat et les fixer au corps en passant les fils dans les perles indiquées sur le dessin, puis croiser les fils dans le dernier rang des nageoires. Couper l'excédent de fil.

6

étape 7

Le poisson terminé.

7

LE TISSAGE À PLAT

L'ÉLÉPHANT >>>

LES FOURNITURES : Perles de rocaille grises
perles de rocaille blanches
1 perle de rocaille noire
fil métallique fin, 1 vieille paire de ciseaux

le modèle

>>> L'ÉLÉPHANT

étape 1 - le corps

Couper un morceau de fil métallique fin de 100 cm de long. Enfiler les perles en tissage à plat en suivant le dessin et les explications à partir de la page 6. Commencer par la trompe.

1

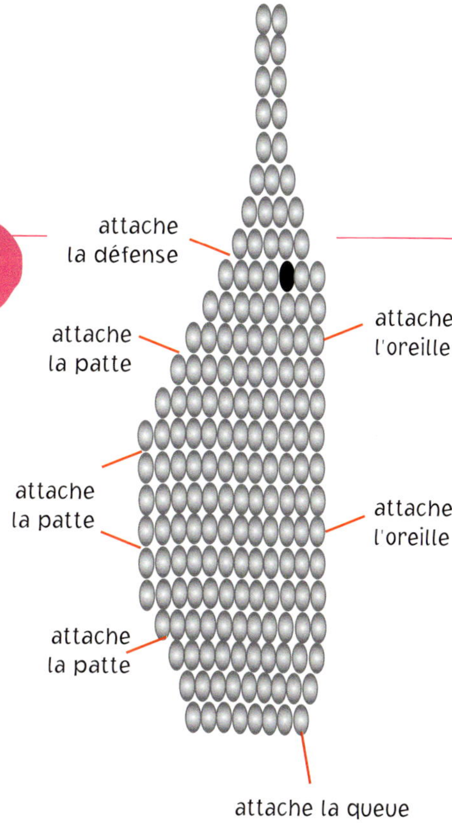

2

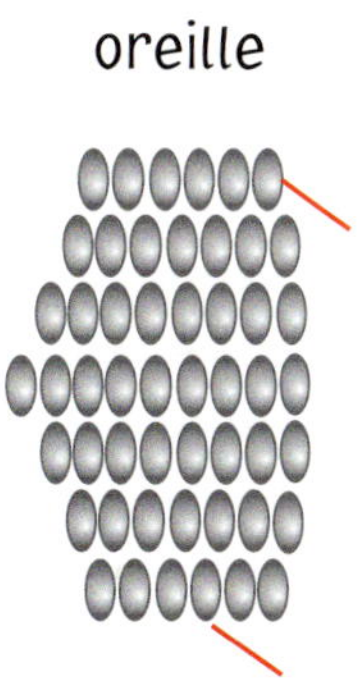

étape 2 - l'oreille

Couper un morceau de fil métallique fin de 30 cm de long. Enfiler les perles en tissage à plat. Fixer l'oreille à l'endroit indiqué sur le dessin de l'étape 1. Croiser les fils de l'oreille dans les perles du corps, puis les repasser dans le dernier rang de perles de l'oreille. Couper l'excédent de fil.

étape 3 - la défense

Couper un morceau de fil métallique fin de 15 cm de long. Réaliser la défense en tissage à plat et la fixer autour des fils entre les rangs du corps, puis les repasser dans la perle du dernier rang de la défense. Couper l'excédent de fil.

3

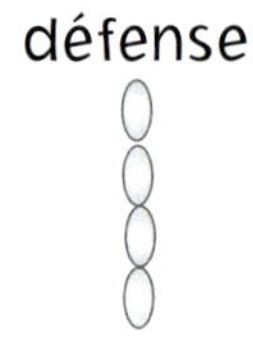

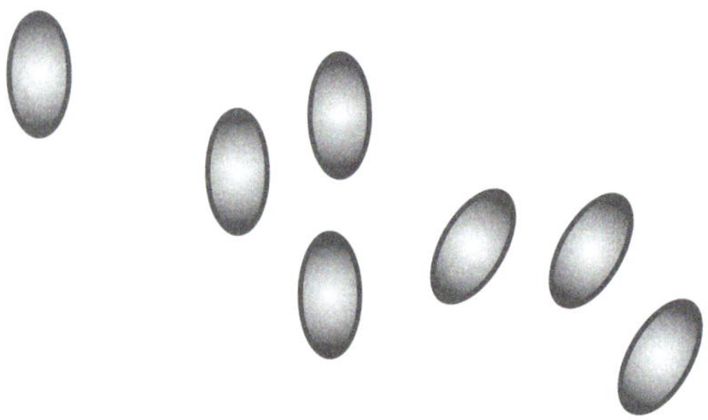

4

étape 4 - les pattes

Couper 2 morceaux de fil métallique fin de 25 cm de long. Enfiler les perles en tissage à plat. Réaliser 2 pattes semblables. Fixer les pattes à l'endroit indiqué sur le dessin de la page 17. Passer les fils des pattes autour des fils entre les rangs du corps, puis les repasser dans le dernier rang de perles des pattes. Couper l'excédent de fil.

étape 5 - la queue

Couper un morceau de fil métallique fin de 20 cm de long. Enfiler les perles en tissage à plat. Fixer la queue à l'endroit indiqué sur le dessin de la page 17. Passer les fils de la queue dans la dernière perle du haut de l'arrière du corps, puis les repasser dans la dernière perle de la queue. Couper l'excédent de fil.

5

6

étape 6

L'éléphant terminé.

TISSAGE À PLAT ET PETIT VOLUME

LES FOURNITURES : Perles de rocaille orange, turquoise, jaunes, noires, fil métallique fin, 1 vieille paire de ciseaux.

LE PAPILLON

le modèle

étape 1 - le corps

Couper un morceau de fil métallique fin de 60 cm de long. Enfiler les perles en tissage en volume en suivant le dessin et les explications à partir de la page 11. Commencer par la queue. Former les yeux en enfilant 4 perles sur chaque fil et en repassant dans la première perle. Recouper les fils restants à 15 cm de long. Plier le fil en 2 et centrer une perle noire sur la pliure. Vriller le fil en tournant la perle sur elle-même.

1

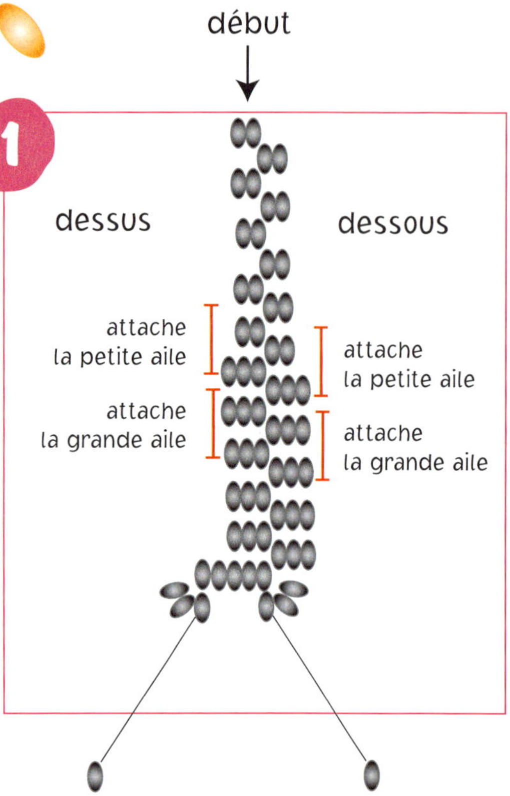

2

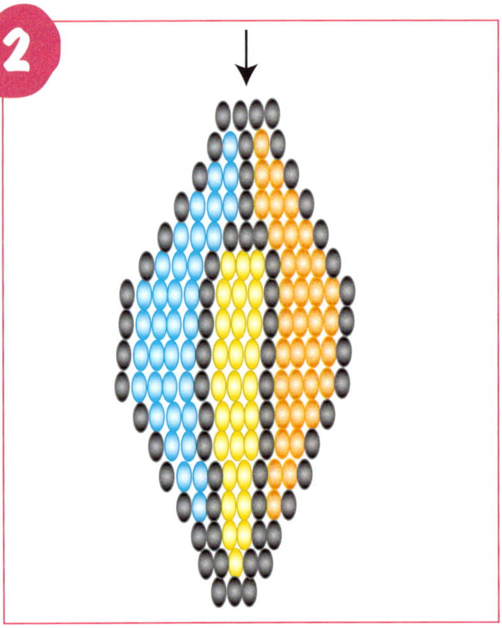

étape 2 - les grandes ailes

Couper 2 morceaux de fil métallique fin de 70 cm de long. Enfiler les perles en tissage à plat en suivant le dessin et les explications à partir de la page 6. Réaliser 2 ailes semblables. Fixer les ailes aux endroits indiqués sur le dessin de l'étape 1, en passant les fils au travers des perles du corps, et les vriller ensemble avant de couper l'excédent de fil.

étape 3 - les petites ailes

Couper 2 morceaux de fil métallique fin de 50 cm de long. Enfiler les perles en tissage à plat. Réaliser 2 ailes semblables. Fixer les ailes aux endroits indiqués sur le dessin de l'étape 1, en passant les fils au travers des perles du corps, et les vriller ensemble avant de couper l'excédent de fil.

3

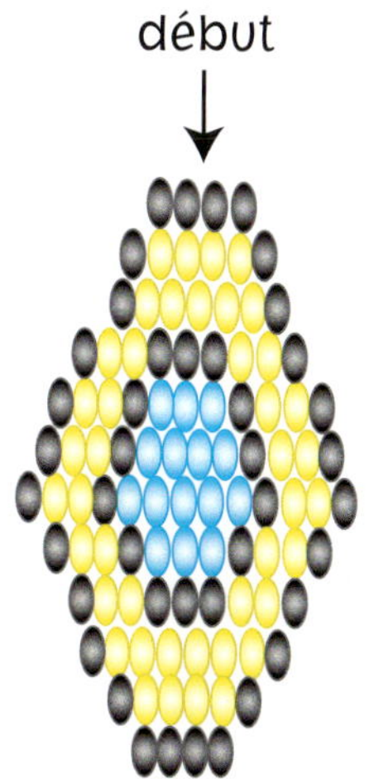

4

étape 4

Le papillon terminé.

LES ABEILLES >>>

LES FOURNITURES : Perles de rocaille noires, jaunes, transparentes irisées, grosses perles de rocaille noires fil métallique fin, 1 vieille paire de ciseaux

le modèle

étape 1 - le corps

Couper un morceau de fil métallique fin de 50 cm de long. Enfiler les perles en tissage en volume en suivant le dessin et les explications à partir de la page 11. Commencer par la tête. Au milieu du corps, passer les 2 fils réunis dans une grosse perle de rocaille noire, puis continuer en tissage en volume pour réaliser l'abdomen de l'abeille.

1

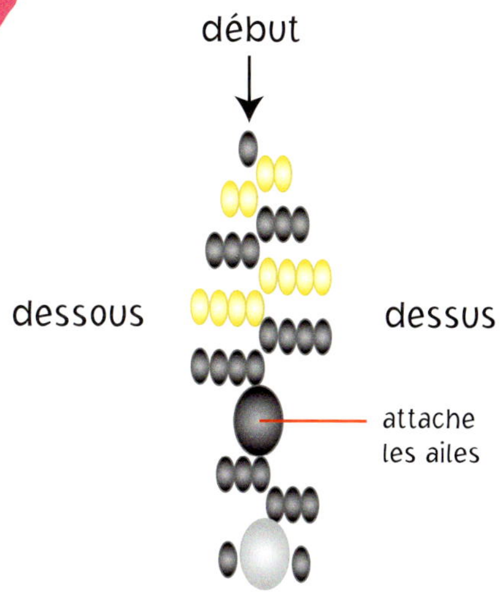

2

étape 2 - les ailes

Couper 2 morceaux de fil métallique fin de 30 cm de long. Enfiler les perles en tissage à plat en suivant le dessin et les explications à partir de la page 6. Réaliser 2 ailes semblables. Fixer les ailes aux endroits indiqués sur le dessin de l'étape 1, en passant les fils au travers de la grosse perle de rocaille au milieu du corps, et les vriller ensemble avant de les repasser du côté du ventre de l'abeille, en dessous. Positionner les ailes ouvertes ou fermées.

étape 3 - les pattes

Retourner l'abeille sur le dos. Plier les fils de fixation des ailes à angle droit à environ 1 cm de la grosse perle de rocaille. Recouper les 4 fils à 1 cm de la pliure. Ecarter les pattes.

4

étape 4

Les abeilles terminées.

LE TISSAGE EN VOLUME

LA TORTUE »»

LES FOURNITURES : Perles en bois de 0,5 cm de diamètre marron foncé, marron clair, noires. Perles en bois de 0,3 cm de diamètre coloris naturel. Fil métallique fin. 1 vieille paire de ciseaux

le modèle

>>> LA TORTUE

étape 1 - le corps

Couper un morceau de fil métallique fin de 150 cm de long. Enfiler les perles en tissage en volume en suivant le dessin et les explications à partir de la page 11. Commencer par la tête.

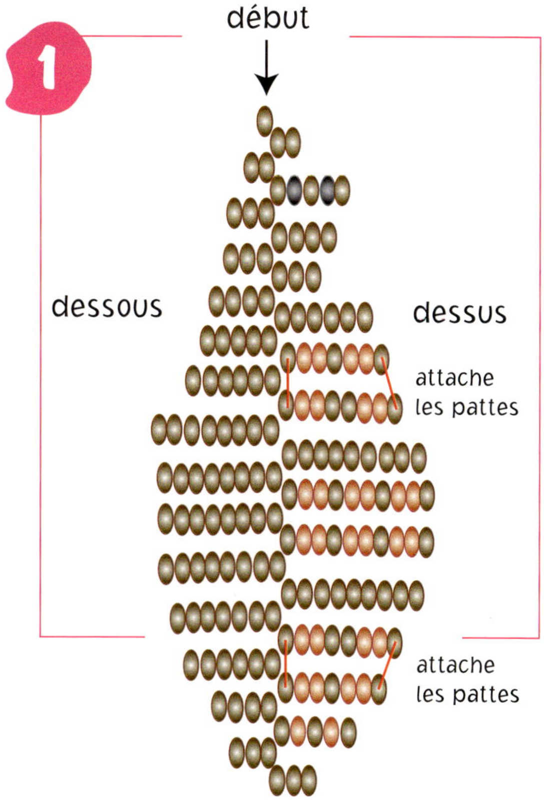

étape 2 - les pattes

Couper 4 morceaux de fil métallique fin de 30 cm de long. Enfiler les perles en tissage en volume. Réaliser 4 pattes semblables. Fixer les pattes aux endroits indiqués sur le dessin de l'étape 1 de la page 29. Passer les fils des pattes autour des fils entre les rangs du corps, puis les repasser dans le dernier rang de perles des pattes. Couper l'excédent de fil.

2

Patte

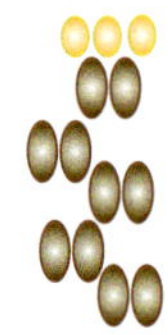

3

étape 3

La tortue terminée.

LES FOURNITURES : Perles en bois de 0,5 cm de diamètre marron foncé, vert foncé, vert clair, noires. Perles en bois de 0,3 cm de diamètre coloris naturel. Fil métallique fin. Une vieille paire de ciseaux.

LA GRENOUILLE »»

le modèle

étape 1 - le corps

Couper un morceau de fil métallique fin de 150 cm de long. Enfiler les perles en tissage en volume en suivant le dessin et les explications à partir de la page 11. Commencer par la tête.

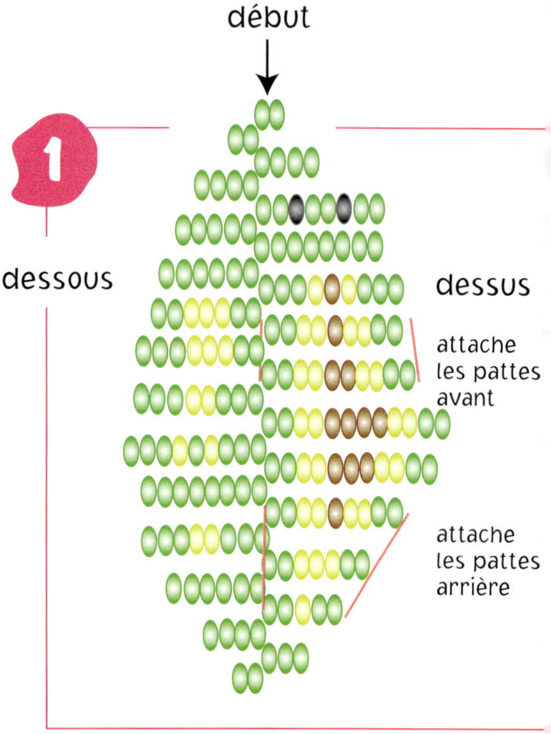

étape 2 - les pattes avant

Couper 2 morceaux de fil métallique fin de 30 cm de long. Enfiler les perles en suivant le dessin. Réaliser 2 pattes semblables. Fixer les pattes aux endroits indiqués sur le dessin de l'étape 1. Passer les fils des pattes autour des fils entre les rangs du corps, puis les repasser dans le dernier rang de perles des pattes. Couper l'excédent de fil.

étape 3 - les pattes arrière

:ouper 2 morceaux de fil nétallique fin de 50 cm de long. :nfiler les perles en suivant le lessin. Réaliser 2 pattes ;emblables. Fixer les pattes aux ›ndroits indiqués sur le dessin de 'étape 1. Passer les fils des pattes ıutour des fils entre les rangs lu corps, puis les repasser dans e dernier rang de perles des ›attes. Couper l'excédent de fil.

3

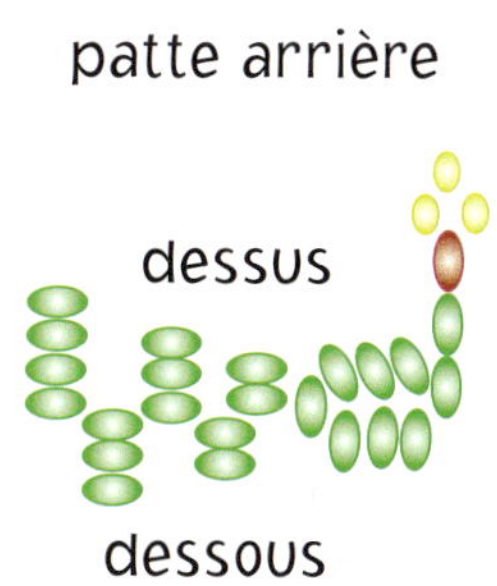

4

étape 4

La grenouille terminée.

LA SOURIS »»

LES FOURNITURE
Perles de rocaille grises, roses, noire
Fil métallique fi
1 vieille paire de ciseau

le modèle

>>> LA SOURIS

étape 1 - le corps

Couper un morceau de fil métallique fin de 100 cm de long. Enfiler les perles en tissage en volume en suivant le dessin et les explications à partir de la page 11. Commencer par le nez. Pour les oreilles, croiser les fils dans les perles grises du milieu du rang seulement et ressortir à 2 perles des extrémités de chaque côté. Enfiler 4 perles roses sur chaque fil, puis repasser le fil dans les 2 perles grises de l'extrémité du rang. Vriller les oreilles en donnant un tour. À l'extrémité du corps, terminer en enfilant les perles de la queue, 1 perle sur 1 perle, en tissage à plat avec les perles roses.

1

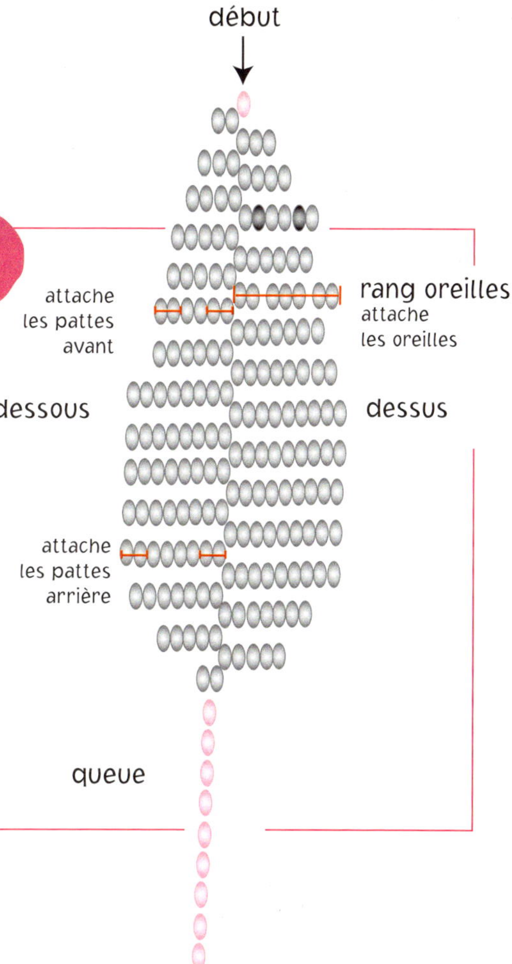

2

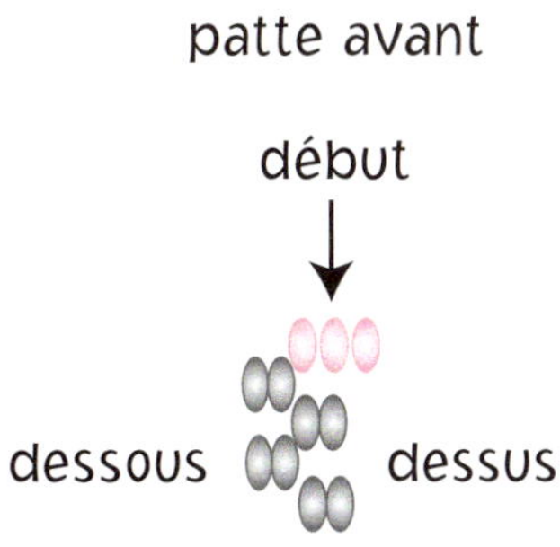

étape 2 - les pattes avant

Couper 2 morceaux de fil métallique fin de 20 cm de long. Enfiler les perles en suivant le dessin. Réaliser 2 pattes semblables. Fixer les pattes aux endroits indiqués sur le dessin. Passer les fils des pattes dans les perles du corps, comme indiqué sur le dessin de l'étape 1, puis les repasser dans le dernier rang de perles des pattes. Couper l'excédent de fil.

étape 3 - les pattes arrière

Couper 2 morceaux de fil métallique fin de 20 cm de long. Enfiler les perles en suivant le dessin. Réaliser 2 pattes semblables. Fixer les pattes aux endroits indiqués sur le dessin de l'étape 1 page 35. Passer les fils des pattes dans les perles du corps, comme indiqué sur le dessin, puis les repasser dans le dernier rang de perles des pattes. Couper l'excédent de fil.

3

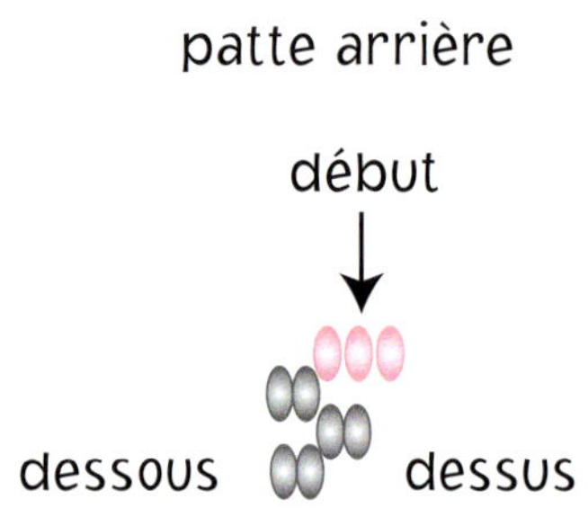

4

étape 4

La souris terminée.

LE BOULEDOGUE

le modèle

ES FOURNITURES
erles de rocaille blanches, marrons, noires,
ses. Fil métallique fin.
vieille paire de ciseaux.

LE BOULEDOGUE

étape 1 - le corps

Couper un morceau de fil métallique fin de 50 cm de long. Enfiler les perles en tissage en volume en suivant le dessin et les explications à partir de la page 11. Commencer par le nez et terminer par la queue.

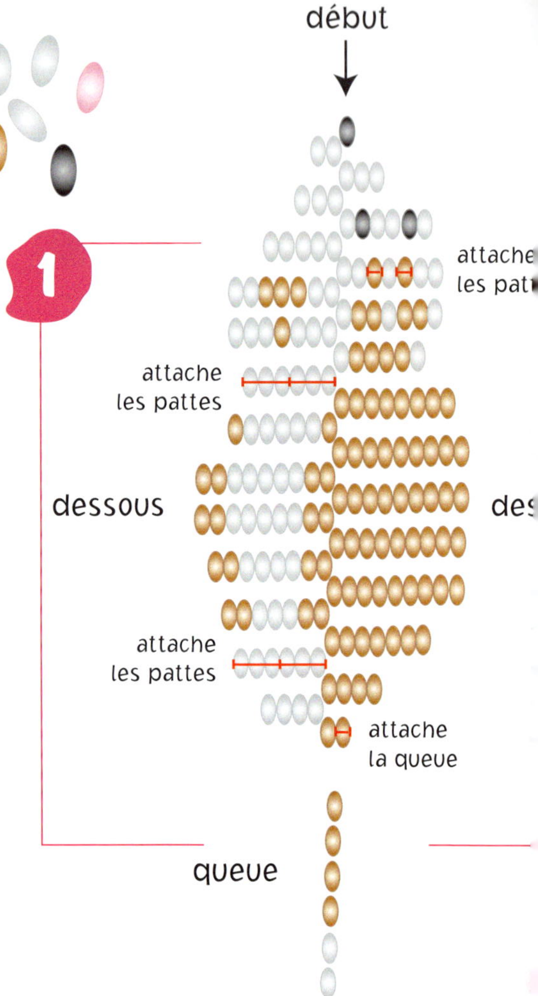

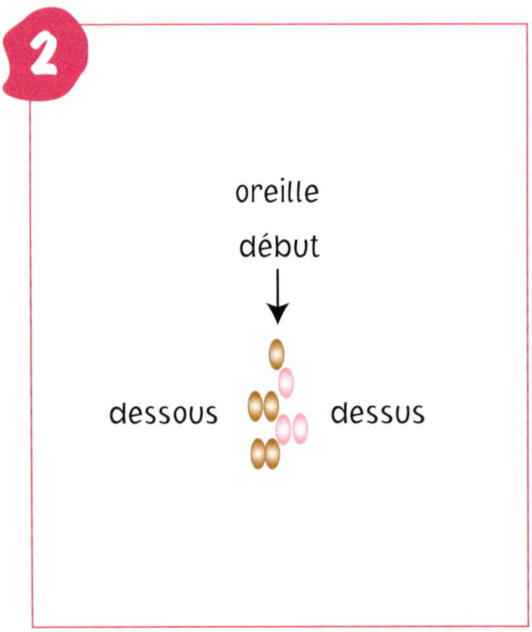

étape 2 - les oreilles

Couper 2 morceaux de fil métallique fin de 20 cm de long. Enfiler les perles en suivant le dessin. Réaliser 2 oreilles semblables. Fixer les oreilles. Passer les fils des oreilles dans le perles de la tête, comme indiqué sur le dessin de l'étape 1, puis les repasser dans le dernier rang de perles des oreilles. Couper l'excédent de fil.

étape 3 - les pattes

ouper 4 morceaux de fil
nétallique fin de 20 cm de long.
nfiler les perles en suivant le
essin. Réaliser 4 pattes
emblables. Fixer les pattes aux
ndroits indiqués sur le dessin de
étape 1. Passer les fils des pattes
ans les perles du corps, comme
ndiqué sur le dessin, puis les
epasser dans le dernier rang de
erles des pattes. Couper
excédent de fil.

3

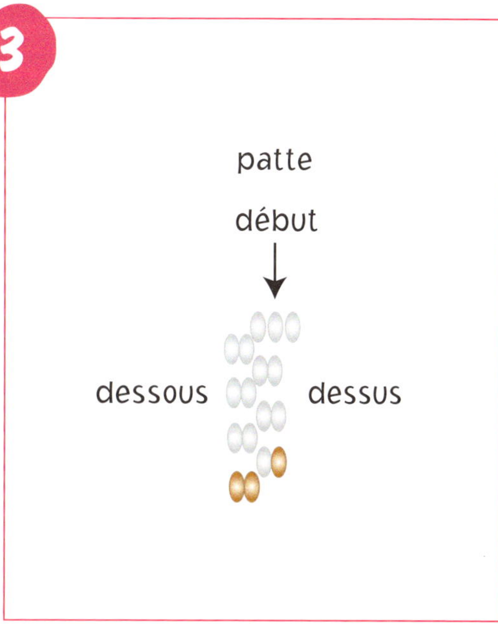

étape 4

Le bouledogue terminé.

DANS LA MÊME COLLECTION

11 numéros ré★création pour compléter ta collection